THOMAS ARCULEO

FRIEDVOLLE LÖSUNGEN

CW01072625

LIVING-CIRCLE .mittelstand.de

Über dieses Buch:

„Dieses Buch ist die Einführung, in die Summe der tiefen überlieferten „Geheimnisse" aller ursprünglichen Kulturen. Es ist der Einstieg für den Weg in ein grösseres Verständnis der Wahrheit. Es lehrt nicht, sondern lässt Dich erleben, was viele Menschen wirklich suchen. Es ist der Beginn Deiner Reise, auf den Spuren von Parsival, Herkules, Jesus, Buddha, Mohammed und vielen anderen. Hier beginnt mit einer „einfachen" Buchreihe der - bisher - verdeckte Weg, der eine wirkliche Welt erschaffen kann, in der Du und die nächsten sieben Generationen ihre gefühlte Realität aufbauen können.„ Guido Eickhoff

Über den Autor:

Thomas Arcuelo
Séh shé yeñ Goh oder "Weißer Adler"

Er repräsentiert das Territorium von Upstate New York USA und wandelt in der Tradition der "Iroquois Nations". Er trägt die Weisheit des "Großen Gesetzes des Friedens und des Gesetzes der Saat". Er ist spezialisiert auf Kommunikation, indigene Naturwissenschaften, indigene Medizin und psychische Gesundheit.

Thomas Arculeo ist bereits im Alter von 6 Jahren in zwei Welten aufgewachsen. In der Obhut der Ältesten und mehreren Medizinkreisen der Haudenosaunee (Irokesen), Five Nations und der der römisch-katholischen Kirche, die ihn zum einen in die Indigene Naturwissenschaften und zum anderen in die Geheimnisse der römischen-katholishcen Kirche einweihten.

Parallel dazu begegnete er mit sieben Jahren seinem 72-jährigen Shaolin-Meister, der Ihn unter anderem im medizinischen Chi Gong ausgebildet hat. Dies praktizierte er bis zu seinem 30sten Lebensjahr in Amerika, Bundesstaat New York. Auf seinem weiteren Weg des alten Wissens begegnete er seinem Kriya Yoga Meister aus Badrinath, Indien und folgte somit dem Weg vieler großer Meister und Ältesten vieler Epochen und Kulturen.

Eingeweiht und ausgebildet in den Disziplinen der Naturwissenschaften von vier verschiedenen Kulturen, war seine Kindheit nicht mit spielen verbunden, sondern geprägt von hartem Training und Disziplin, immer mit dem Hintergrund medizinische Kenntnisse zu begreifen.

Während seines 12 jährigen Studiums an verschiedenen Fakultäten und Universitäten im Bereich Human Medizin und Psychologie, arbeitete er parallel in einem Familienbetrieb für Flugzeuginstrumente für die kommerzielle und militärische Flugzeugindustrie.

Seine Tage waren dabei gefüllt mit Training und Disziplin.

Das Vermächtnis der Wildniss und der Natur sind bis heute seine Quellen der Kraft und sein immer währender Antrieb. Es ist sein Ziel dies mit simplen Methoden für jeden Menschen erreichbar zu machen und zu vermitteln wie sie es im alltäglichen Leben umsetzen können.

Friedvolle Lösungen

[Thomas Arculeo]

Erste limitierte Auflage 12/12/2022 - Copyright Thomas Arculeo
Zweite limitierte Auflage 12/12/2023 - Copyright Thomas Arculeo
Dritte Auflage 07/2024 - Copyright Thomas Arculeo

Herausgeber: LIVING-CIRCLE.mittelstand.de
Übersetzung: Guido Eickhof
Umschlagbild: Thomas Arculeo
Illustrationen: Guido Eickhoff
Verlag: BoD · Books on Demand GmbH, In de Tarpen 42, 22848 Norderstedt
Druck: Libri Plureos GmbH, Friedensallee 273, 22763 Hamburg

ISBN: 978-3-7597-5909-2

Bibliografische Information der Deutschen Nationalbibliothek: Die Deutsche Nationalbibliothek verzeichnet diese Publikation in der Deutschen Nationalbibliografie; detaillierte bibliografische Daten sind im Internet über dnb.dnb.de abrufbar.

BAND 1

INTRO

Danksagung

Vielen Dank!

Michaela, Rafaela, Ursula, Oliver, Andreas und allen anderen, die den physischen Entwicklungsprozess dieses Buches begleitet und unterstützt haben. Und vor allem an meine Mutter Lorriane, die mich im Alter von zehn Tagen adoptierte und mich unterstützte. An alle Irokesen-Ältesten und Clanmütter, die mich gelehrt und geführt haben, an meinen Häuptling Leon Shenandoah, die Clanmutter Audrey Shenandoah und viele andere. Danke Barbara Argyle.

Zum Geleit

Als Unternehmer, Berater und Trainer für die Europäischen Union, Ministerien, Institute und Klein- und Mittelständische Unternehmen, habe ich mehrer Paradigmenwechsel erlebt und zum Teil mitgestaltet. Die zunehmende Herausforderung bei Menschen und Unternehmen haben in den letzten zwei Dekaden meinen persönlichen Forschungsdrang nach innovativen Lösungen für Menschen und Unternehmen bestimmt.

Von der Persönlichkeits-, Sprach-, Kultur- und Bewusstseinsforschung, über Neurowissenschaft, Psychologie, alternative Heilverfahren u.v.a. habe ich nach vielen Ausbildungen, Erfahrungen und Anwendungen trotzdem einen Mangel erkannt. Bis ich dem Vermächtnis des Wissens und den tiefen Lehren der alten Meister in alten Kulturen begegnete. Doch wahres Quellwissen ist rar gesät. Bis ich Thomas Arculeo traf.

Als ich Thomas kennengelernte, begann erst der Weg die tiefere Bedeutung der Althochdeutschen Sprache zu erkennen. Das althochdeutsch war die Metaphersprache der Druiden und der Lehrpfad der germanischen Wissenträger. Die Bildsprache war der wahre Wissentransporteur spiritueller Meister und der Hüter des Wissens des indigenen Europas und ihrer Naturwissenschaft, ebenso wie in den Kulturen weltweit. Doch gerade hier, habe ich die Problematik mit der modernen Deutschen Sprache erkannt.

In der Bildsprache, der metaphorischen Sprache liegt die tiefere Bedeutung der mündlichen Überlieferungen. Hier findet der Transfer des wahren Wissens statt. Thomas hat immer betont. „Bevor Du beginnst diese Texte zu übersetzen, muss Du die Sinnhaftigkeit am eigenen Leib erleben."

Doch der Einstieg war trotz vieler Vorbildung nicht einfacher. Durch seine jahrelange Praxis in der kulturellen Vereinigung unterschiedlichster Lehrdisziplinen, wie z.b. der nordamerikanischen Medizinbünde, des Kriya-Yoga der Lehrmeister des Himalayas und des medizinischen Qi-Gong buddhistischer Shaolin-Mönche, die Thomas seid 50 Jahren in intensiven Übungen praktiziert, konnte er den Weg finden, dieses Wissen in eine verständliche moderne Sprache zu übermitteln.

Eine Begegnung mit einem Hüter des Wissens hat eine Intensivität und auch Leichtigkeit, aber fordert auch Geduld. Thomas bei der Umsetzung seiner Sätze zu begleiten, startete auch bei mir immer wieder eigene Erkenntnisse. Die Macht der Worte ist hier entscheidend. Jeder Satz, jeder Absatz ist eine Lehre. Das ist mir durch die „Übersetzung" dieses Buches noch bewusster geworden. Doch gerade dadurch sind mir die Komplikationen mit dem modernen Deutsch aufgefallen und ich habe versucht sie zum Teil typographisch oder mit Illustrationen zu lösen. Durch die intensiven Übungen habe sogar ich mittlerweile, als - „Übersetzer" - Schwierigkeiten die mündlichen Überlieferungen in modernes Deutsch zu übersetzen und diese verständlich zu machen.

Dieses Buch ist mehr eine Reise und ein Praxishandbuch für jeden Leser. Es ist ein Weg den wir gemeinsam gehen.

Dieses Buch ist eine Einführung und auch eine Kostprobe, wie man mit einem erweiterten Bewusstsein seinen Alltag und seine Gedankenstrukturen vereinfacht. Manchmal musste ich noch einen Satz für mich formulieren oder eine Pause machen um es wirken zu lassen. Dann kommt es langsam in den Verstand. Manchmal sehr überraschend, manchmal viel später. Diese Art der Kommunikation war Alltag im indigenen Europa und ihrer wahren Naturwissenschaft. Seitdem ist mir die Leichtigkeit, die vielen zu fehlen scheint, immer bewusster geworden.

Wir versuchen, das jeder Leser seine eigene Entwicklung genießt und damit Teil eines bewussten und entspannten gesellschaftlichen Paradigmenwechsels wird. Eine Gesellschaft, die ein zukünftiges, moderneres und menschlicheres Wirtschaftschafts- und Sozialwesen entwickelt. Durch diese Begegnung und die Praxis erkenne ich den Schlüssel, der von vielen Menschen in Europa und gerade im deutschen Mittelstand gesucht wird. Schritt für Schritt wollen wir Dich und unsere Gemeinschaft in eine positive Zukunft begleiten.

„Was es bedeutet, ein Papier zu berühren und die Seele eines Baumes, machte Dir bewusst wie verbunden wir sind. Nicht nur mit unserer Umwelt, sondern mit der Intelligenz des Universums."

Guido Eickhoff/"Übersetzer"

Weitere Bücher dieser Reihe:

 Band - 1 - Intro

Folgebände:

 Band - 2 - Ich

 Band - 3 - Wir

 Band - 4 - Die 5 Elemente

 Band -5 - (0)

Betriebsanleitung

Dieses Buch ist die selbsterlebende Einleitung in des Vermächtnis der Druiden und Elders der Welt.

Die gesamte Reihe der Bücher ist ein Lehrpfad des alten Weges der Meister, wie es früher mündlich weiter gegeben wurde.

Dieses Buch ist eine schriftliche Übersetzung der mündlichen Wege der Alten Meister und ihrer Schule.

Der Autor übersetzt die Erfahrungen und Erlebnisse schriftlich, was seine Lehrmeister Ihm durch mündliche Überlieferungen und Handlungsbeispiele erläutert haben.

Nur durch intensive Übungen und Praktiken wurde es ihm ermöglicht, diese in Schriftform umzusetzen. Wobei der Weg zur Selbsterkenntnis der Schlüssel zum Verständnis geworden ist.

Während der Übersetzungen sind wir auf Stolperfallen gestossen, die im modernen Deutschen Sprachraum schwer ausdrückbar sind, weil das Vermächtnis des Althochdeutschen immer mehr verloren gegangen ist.

Wo die Metaphersprache, als Mehrdimensionale Allegorie benutzt wird um den Schüler in die eigenen Prozesse zu führen, mussten Einschnitte gemacht werden, die in den folgenden Bänden näher erläutert werden.

Fußnote: Dieses Buch ist die Einleitung zu den Bänden 1 bis 5, im zweiten Band mit dem Titel "Ich" erhält man einen tieferen Einblick in die Bedeutung der verschiedenen "Ichs", wobei der Autor den althochdeutschen Begriff "Ich" als Trinität verwendet.

Du - der Baum - und "ich"

INHALTSVERZEICHNIS

DIE SAAT

"Jeder Gedanke ist eine Saat,

jedes Wort der Boden,

in dem der Gedanke

zu wachsen beginnt."

Willkommen!

"Wir können eine "Geschichte"

als "Traum" oder als "Wirklichkeit"

in jedem Moment und

in jedem "Atemzug" beginnen,

wenn sich die Bewusstheit der Seele

ausdehnt. "

[Für Deine Notizen]

Wenn du diesen Text (Symbole) liest, betrachte das Wort „Ich" bitte als seine ursprüngliche Bedeutung, aus der "althochdeutschen Trinitätsform (Dreiheit)". Dabei ist „Ich" immer als Trinität - dein Körper, dein Geist und deine Seele als ein einheitliches Wesen gemeint. Das heisst eine unzertrenntliche Trinität, drei/3 Wesen in einem „Ich" zu sehen und zu fühlen. Als Bestandteil des Planeten, des Universum und des Schöpfungsgeistes.

Wenn Du, ja Du, ein „Mensch", unzertrennlich von deinem Körper, deinem Geist, und deiner Seele versuchst diesen Text oder besser diese Symbole als Dolmetscher zum übersetzen, damit sie in eine Form gefüllt werden, die in deine Realität reinpasst, wirst Du als "Trinität" Veränderungen bemerken, wie Du die Welt in Zukunft betrachtest und fühlst...

Du bist der Dolmetscher und Übersetzer der folgenden Symbole. Vergesse dabei nicht, Buchstaben sind Symbole mit einer tieferen Bedeutung. Deine Lebenserfahrung bestimmt ihre Bedeutung und wie deine Seele und deine Emotionen diese Symbole übersetzt. Auch alle deine Sinne werden dabei angeregt und angesprochen. Du bist derjenige, der angesprochen ist, als Dolmetscher und nicht als "Leser".

Dieser Raum wurde für Dich erschaffen um persönliche Notizen zu schreiben. Deine Gedanken, Gefühle und Wahrnehmungen zu notieren und Deine „Übersetzungen" festzuhalten. Geniese die Reise in diese Einführung zu den Büchern der Bände 1 bis 5.

Emotionen steigen auf, Schwingungen und Beziehungen entstehen. Ist das meine physische Realität? Oder ist es nur ein Traum?

Wenn "ich" dieses Buch schreibe, indem ich den Ausdruck "wir" verwende, hast Du, der Leser, meine Hand geführt, um die Symbole zur "Seele des Baumes" zu bringen, dem Papier, aus dem diese Seiten gemacht sind.

Wenn "wir" diese Seiten berühren, sind "wir" mit der Seele und der reinen Essenz des "Baumes" und allen pflanzlichen Lebens verbunden.

Dieses Papier lebt, wenn es unsere Finger berührt.

Es überträgt all unsere Emotionen, wenn „wir" die Symbole, die Du Buchstaben nennst, einordnen und sich auf die Haut des Baumes legen.

Berühre diese Seiten sanft. Rieche daran, nehme die Essenz der natürlichen Zyklen in Dich auf und erkenne, dass es nicht möglich ist, von der Schönheit der absoluten Wahrheit getrennt zu sein.

Der einfachste aller menschlichen Prozesse ist der Prozess, in jedem Moment einfach nur lebendig und pulsierend zu sein. Bewusst verbunden zu sein, das volle Potential eines jeden Augenblicks zu erfahren und das Konzept der Natur in jeder Zelle des Körpers zu verstehen.

[Für Deine Notizen]

Der Geruch von Ahorn, Eiche, Weide, Sassafras, Birke, Walnuss, Kirsche und Kiefer, das Geräusch von Fischottern, die in einem Teich spielen, und die Weichheit der Hände der Menschen zu spüren, wenn sie unsere Haut berühren, wie dieses dünne Stück Papier.

Das Leben mit den Augen der großen Kiefer zu sehen, bedeutet, das Leben als perfekte Harmonie zu sehen (nicht dual - kein Urteil), das alle Wesen unterstützt und sie als EINS behandelt. (Du - der Baum - und "ich") werden dieses Buch gemeinsam in Frieden schreiben.

DER SAME

„Atme ein. ... Langsam ...

Ist es nicht wahr, das sich jetzt ein Gedanke als Same formt?„

Die Geburt.

„Der Same"

„Atme aus. ... Langsam ...

Ist es fruchtbare Erde, in der dieser Same wächst?

Ein Gemisch aus Emotionen, Wünschen, Dingen die Du manifestieren wirst.

Was ist es, das in Dir wachsen möchte?

Wird der Same in der Getreidemühle landen oder wird es eine gedeihende Wiese für kommende Generationen?„

[Für Deine Notizen]

Wir alle leben in Koexistenz auf einer sich drehenden blauen Kugel, einem wahren Spielplatz für die fünf Grundelemente, die alles Physische und Nicht-Physische geschaffen haben.

Alles Physische ist in Wirklichkeit mehr oder weniger nichts - aber wenn "wir" sehen, riechen, berühren, schmecken und fühlen, wird das Physische zur Ihrer Realität, die nur für einen sehr kurzen Moment in der gegenwärtigen Form existiert.

Selbst ich, "der große Baum", der seinen Körper geopfert hat um dieses Papier zu erschaffen, der Tausende von Jahren alt ist, habe viele Veränderungen erlebt, das Physische existiert nur für einen kurzen Moment, einen Moment ohne Anfang und ohne Ende.

Während "wir" die Symbole auf diesem dünnen Stück Papier erschaffen, bist Du der Übersetzer, der den Symbolen und dem Papier Leben verleiht.

Du, ja Du, der Leser, wirst zum Übersetzer/Gärtner.

„Alle Menschen haben das Material für ihren physischen Körper vom selben Ort und Material gesammelt, das die Körper aller physischen Dinge erschaffen hat, sogar mein Körper wird aus derselben Quelle geformt, die Deinen Körper erschaffen. „

Ich gebe meine herabgefallenen Blätter an die kleinsten Geschöpfe weiter, damit die ganze Familie der Natur existieren kann. Auch Du profitierst von diesem Prozess.

"Ist es Deine Intelligenz, die ein Stück Brot in eine menschliche Form verwandelt?"

Es war für euch nicht möglich, diese immer liebende Intelligenz zu berühren und Eure Verbindung mit allem Lebenden gemeinsam fliessen zu lassen, oder?

Warum benutzen wir die physischen Körper von Bäumen und Pflanzen, um dieses sehr dünne Stück Haut zu schaffen, das wir Papier nennen?

Ist das Abholzens ganzer Wälder, in denen Tausende und Abertausende von Lebewesen, sterben müssen für euren Komfort und euer friedvolles Leben, die Wahrheit oder habt ihr nur vergessen das ihr in ständiger Verbindung mit der "Seele" der Existenz und des Waldes seid?

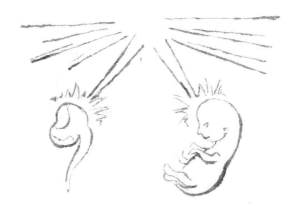

Euer Bewusstsein hat seit Anbeginn der Zeit immer Zugang zur Quelle der emotionalen Interpretation gehabt. Als unsere physischen Körper kleiner als ein Sandkorn waren, geschah etwas, was mit jedem einzelnen Teilchen der Existenz geschieht, sogar mit den Gedanken.

Ein sehr kleines Stück "männliches Feuer", das ihr Licht nennen könnt, hat euch das Signal gegeben, zu erschaffen. Du, der Mensch, hast Deine Existenz in einem Ozean begonnen, im Schoß Deiner Mutter.

Innerhalb der ersten drei Monate hast Du jeden Aspekt der Evolution erlebt, der sich schnell ausdehnte, bis Du die Form des Menschen erreicht hattest.

[Für Deine Notizen]

Wir sammelten Partikel, um ein Haus für unsere Seelen zu erschaffen und zu bauen. Der Baum, die Rosen, die Würmer, die Fische, die Hühner, das Gras, das ihr esst (Brot), die Kühe, sogar euer eigenes Auto begann mit demselben Prozess, als ein Stein, der aus dem Körper dieser sich drehenden blauen Kugel genommen wurde.

„Die Seele des großen Friedensbaums"

Originalzeichnung: Thomas

Der Atem.

Halte Inne. Atme ein und während dessen zähle.

1 - 2 - 3 - 4 - - - bis 24

Euer physisches Wesen ist aus denselben Materialien aufgebaut, die sich unter euren Füßen befinden. Es ist der Anteil der Elemente und Schwingungen, die "Materie" bilden - alles, was physisch ist.

Wenn Du Deine Augen einen Moment lang nicht benutzen könntest (blind), könnten wir dann immer noch durch die Seele des großen Baumes kommunizieren?

Dieses Abenteuer gehört Dir, wenn Du Dich entscheidest, weiter zu lesen.

Willst Du die Seele der Haut des großen Baumes berühren? Schließe Deine Augen und lese mit Deiner Seele, mit Deinem Herzen, mit der Wahrheit, ohne Worte.

Sei dankbar, dass Du die Möglichkeit hast, das Einssein in jeder Zelle Deines Körpers zu erfahren.

[Für Deine Notizen]

Danke, dass Du Deine Augen geöffnet hast!

Dein Atem hat sich verändert, was fühlst Du jetzt? Was hörst Du? Ich höre meinen Atem, wie er meinen Körper verlässt. Du atmest einwärts durch Deine Lungen, wir sind "Eins", "synchronisiert" in jedem Atemzug. Wenn Du nach außen atmest, danke ich Dir für die Nährstoffe, die ich brauche, um meinen Körper aufzubauen.

Komm mit geschlossenen Augen und rieche an diesem Papier und berühre meine Seele. Die "Seele des großen Friedensbaums", die sich an alle wendet, die auf der Suche nach Wahrheit sind.

Komm und rieche die Seele - denn das ist alles, was von mir übrig ist. Es ist der Anteil des Wassers, der mich transportiert. Papier hat zwischen 14 und 17 % Wasser, genug, um meine Seele zu transportieren. Süße, Sanftheit.

Ich warte darauf, die Einheit mit Deiner Seele zu erleben.

„Licht ist voller Passagiere"

Aber was ist es, das wir gemeinsam erleben?

Ist es die Erfahrung des Lebens, lebendig zu sein, "Gedanken" und Erinnerungen erleben zu können?

Du bist "Mensch", das heißt, Du wirst durch Deine Emotionen geschaffen, die Schwingung des Ozeans unter Deiner Haut.

Im morgendlichen Spiegel sieht "Du", dass es die einzige Möglichkeit ist, "Mich" (Seele des Baumes) als eine Art definiertes Konzept von Interpretationen zu erfahren, während der Duft von Kaffee die Küche erfüllt.

Wir als "DREI" (Du, Ich und die Seele des Baumes) als ein "Ich BIN" reflektieren aus dem Spiegel.

[Für Deine Notizen]

Was sagt das "Ich BIN" im Spiegel, wenn "DU" versuchst "Ich BIN" als "Mein Selbst" zu sehen?

Was wenn das, was wir sehen, nur Licht ist?

Licht das reflektiert und nicht absorbiert wird und wir nicht in der Lage sind die freie Energie des reflektierenden Lichtes zu benutzen. Unsere Beziehung ist dann hiermit verloren.

Wenn wir eine Einheit schaffen wollen, um emotionale Dankbarkeit und Harmonie in unserer äußeren Welt zu formen, liegt es an Dir, die Passagiere des Lichtes zu interpretieren, emotional, geistig und physisch. Hier entsteht Dein Spiegelbild.

Deine Interpretation der Passagiere, formt eine Einheit in der Spiegelwelt der äusseren Welt.

Die Spiegelwelt ist lediglich Deine Interpretation, der äusseren Welt, der Welt von uns DREI.

[Für Deine Notizen]

Licht ist voller Passagiere, Schwingung verursacht Bewegung = Der Atem macht "ICH" erfahrbar, aber "Ich" als das "ich", das den Stift schiebt und Symbole formt, die Bewegung und Definition erzeugt und Du als Ich und emotionaler Übersetzer dieser Symbole.

Wir oder "ICH" können die Ereignisse des Denkens ausdrücken, während wir das Geschehen des Lichts im Badezimmerspiegel beobachten, während wir synchronisiert, in Harmonie zusammen atmen, "Ich" und "ICH" zusammen als "Ich BIN" = Eins.

Oder wir gehen in die Küche und machen uns ein Schinken-Eier-Toast mit Bratkartoffeln, aber ich entscheide mich heute für einen Smoothie, zwei in Kokosöl gebratene Bananen mit gemahlenem schwarzen Pfeffer und einem Hauch von Ahornsirup. Aber wir stehen uns immer gegenüber.

[Für Deine Notizen]

Der Spiegel kann nur reflektieren. Wenn man die Augen schließt, ist kein Spiegelbild zu sehen. Bedeutet das, dass "ICH" aufhöre zu existieren?

"ICH" existiert nur, weil "Wir" existieren. "Wir" sind "Ich BIN", "ICH" kann "Ich BIN" nur als eine Reflexion von "Uns" übersetzen, "Wir" das wahre physische Selbst als ein Organismus, der aus und durch ein feines Gleichgewicht und Spiel der fünf Elemente der Natur geschaffen wurde. Das Gleichgewicht dieser Elemente ist das Gleichgewicht der gesamten Schöpfung, in allen Universen.

Wenn wir das „ICH" als "ICH" erleben, wie es sich die Zähne putzt, während der Toaster den Toast bräunt und den Raum mit einem Strauß von Emotionen füllt, während der Duft von Toast und Kaffee die Luft erfüllt und die Vögel zum Sonnenaufgang singen.

Das "ICH" erfährt die Grundschwingung des Lebendig-Seins in der Form des "ICH", das durch Millionen von Jahren der Evolution definiert wurde.

[Für Deine Notizen]

"Ich", um "ICH" zu werden, gemeinsam im Spiegel atmend.

Bitte vergiss nicht, dass "ich" diesen Stift halte und die Tinte in die Symbole drücke. "ich" habe gerade begonnen, einwärts zu atmen, langsam, im Bewusstsein des gesamten Atems, - durch beide Seiten der Nase, friedlich, einwärts atmend, "meine" Lungen füllend, sich in jede Ecke ausdehnend, langsam zählend

eins---zwei---drei----vier---- fünf------sechs--------bis 24.

ein wenig loslassen und ausruhen, den Atem anhalten und wieder zählen

eins------zwei------ drei ------- vier ------- fünf ----- sechs ----bis 24.

Dann durch beide Seiten der Nase ausatmen = Loslassen des Mülls, der sich während der Atempause angesammelt hat. "Ich" muss "Ich BIN" erfahren, ohne "Ich BIN" existiert "Ich" ohne Manifestation.

Atmen, Denken, Erschaffen.

[Für Deine Notizen]

"ich" als der Mensch, der die Tinte drückt, definiert auch die emotionalen Übersetzungen, die "Du", der "Einzige", der die Reise durch all die gesammelten Erinnerungen an Informationen interpretiert, die die emotionale Übersetzung dieser Symbole entwickelt hat.

Das ist der Punkt, an dem "ICH" als "Eins", die "Mensch" oder "Identität" diese Symbole auf die Haut eines Baumes bringt.

Aber Du, der Übersetzer, solltest jetzt innehalten, einen Spaziergang im Freien machen, die Luft atmen, so leben, wie Du bist, erfahren, dass Du "Eins" bist, ohne zu urteilen. Siehe das Lächeln in den Gesichtern der Kinder; sieh das Glück eines frisch verheirateten Paares. Liebevoll, fürsorglich, voller Sehnsucht nach einer friedvollen Zukunft. Ein Eichhörnchen rennt einen Ahornbaum hinauf, der süße Duft der Herbstblätter erfüllt jeden Atemzug, während sich der Morgennebel aus den tiefen Tälern nach oben hebt.

„So hat jedes "ICH" das "WIR" erschaffen."

"Ich", das Sonnenlicht mit vielen Passagieren, kann in jede Zelle Deines Körpers fließen, wenn Du nach innen atmest - "ICH" als Deine Form einatmest. Es ist Deine physische Form, die "ICH" zum Ausdruck bringt. Vibriere mit "ICH" als die Form von "Du". Es ist Deine physische Form, die "Ich" zum Ausdruck bringt. Vibriere mit "ICH" mit reinem Leben.

Wenn die Krähen mit ihrem morgendlichen Sammeln beginnen, durchbricht das Sonnenlicht den Nebel, - Dein Kaffee und Tee ist fertig, das Leben um Dich herum ist voll von lebendigen Farben und Gerüchen, die Süße der Herbstblätter, die auf dem Wasser des Nebels eingefangen sind.

Einatmen, handeln, ausatmen.

Das "ICH" und die Schwingung "Ich BIN" erschaffen "Uns" oder "Wir". So hat jedes "ICH" das "WIR" erschaffen.

Der große Baum ist auch "Ich", er hat "Ich BIN" "als Baum".

Dasselbe gilt für die Suche nach einer einzigen Identität, die Suche nach dem "ICH".

„Sieht die Kerze die Flamme?"

Die Kerze ist die Nahrung des Lichtes. Licht ist die Kettenreaktion oder das Produkt von Kettenreaktionen.

Wenn Du Dir immer noch die Frage stellst, wer "ich" bin, der Mensch, der die Tinte in die Symbole drückt, werden wir sagen - ich wurde in einem Militärkrankenhaus in Heidelberg geboren. Aber "ICH" habe die Geburt schon viel früher erlebt, lange bevor "ICH" mich entschied, die Gestalt eines kleinen Jungen anzunehmen, der irgendwo in Deutschland die Außenwelt begrüßte. "ICH" als Licht. Das Licht des Herzens eines kleinen Jungen.

Der kleine Junge ist irrelevant, er ist nur ein Übersetzer.

In Deinem Kopf möchtest Du Dir vielleicht ein Bild von dem kleinen Jungen machen, aber er wurde blind geboren. Mein Licht hat ihn geblendet. Er war rein. "ICH" als kleine Kerzenflamme in den Herzen aller Lebewesen. "ICH" das Licht, das es möglich macht, die Süße des Lebendigseins zu erfahren.

Fussnote: Dieses Buch ist die Einführung der Bücherbände 1 bis 5, im Zweiten Band mit dem Titel „Ich" gewinnt man eine tiefere Einsicht in die Bedeutung der unterschiedlichen „ICH".Hier benutzt der Autor den Althochdeutschen Begriff „ICH" als Trinität.

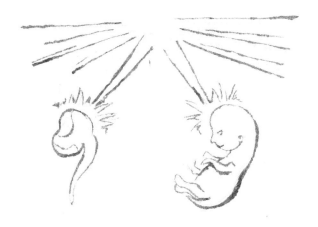

Derselbe kleine Funke der einem Samen sagt, dass er sich entfalten soll, setzt eine Kettenreaktion in Gang. Wie in jeder Zelle, jedem Samen, jedem Ei, jedem Gedanken.

Spürst Du, wie tief in Deinen Knochen eine neue Zelle geboren wird, die zu wachsen beginnt, wenn ein kleiner Lichtfunke ihr das Signal zum wachsen gibt?

Eine einfache sanfte Berührung durch ein sehr kleines Licht.

Energie ist die Reaktion, die durch diesen kleinen Lichtfunken ausgelöst wird. Energie ist Schwingung. Vibration sammelt Teilchen und schafft Form. Erst Schwingung, dann Plasma, dann Flüssigkeit, dann Feste Formen. Jede Zelle in Deinem Körper schwingt und arbeitet zusammen, damit Du einen physischen Körper erschaffen kannst, der die emotionale Schwingung übersetzen kann, die Dich an diese Seiten (die Seele des Baumes) bindet.

[Für Deine Notizen]

"Willst Du noch weiter lesen (übersetzen)? Oder willst Du für das Abendessen einkaufen gehen?

Zucchini gefüllt mit Gerstenreispüree mit Cashew-Creme, Endiviensalat mit jungen Kartoffeln und Kürbiskernöl, Abendessen für Zwei? Dann werden "Wir" mindestens drei Stunden in der Küche stehen, und hier lasse ich Dich in Deiner Vibration allein.

Danke, dass Du mit mir reist.

Du darfst jetzt nach außen atmen.

Eins -- zwei --- drei ---- vier ----- fünf ------ sechs ------- bis 24,

Pause.

DER ATEM

„Der Atem als König, des Geistes, des "Wir",
des "Du" und des "Ich"."

Hat Dir das Essen geschmeckt?

Versuche diese einfache Übung:

Atme durch beide Seiten Deiner Nase ein, atme sanft und sehr langsam ein, schließe die Augen und denke nur an "WIR".

"WIR" als eine handelnde Erfahrung, die der ganzen Schöpfung Dankbarkeit schenkt, indem Du Deine Lungen langsam bis zur vollen Kapazität füllst und Deine Wirbelsäule in den Himmel streckst, wobei Du tief im Kern dieser sich drehenden blauen Kugel verwurzelt bleibst.

Öffne Deine Augen erst, wenn innerer Frieden und Harmonie jede Zelle Deines Körpers erreicht haben. Lasse den Druck in Deinen Lungen gerade so weit ab, dass Du Dich entspannen kannst, und halte dann den Atem an, ohne ihn anzuhalten, einfach entspannt.

[Für Deine Notizen]

Alle Gedanken werden angehalten, nur das, was unter Deiner Haut ist, verborgen vor den optischen Wahrnehmungen dessen, was Du Deinen physischen Körper nennst, ist von Dir nicht beeinflussbar.

Zellen werden geboren, Verdauungssäfte zerlegen Bestandteile um Deine Zellen zu ernähren und all dies geschieht noch unbewusst.

Schließ Deine Augen und fühle das, was man am besten als den Lymphatischen Ozean definiert, den Ozean, in dem wir als sehr kleine, nicht sichtbare Zelle befruchtet wurden, im Schoß einer Frau, die Du heute als Deine Mutter kennst, mit einem Ph-Wert zwischen 7,4 und 8,9, der für unsere gesunde Existenz relevant ist.

Was sie, gedacht hat formte Deinen Geist.

Was sie gespürt, hat formte Deine Charakter.

Was sie gegessen hat, formte Deinen Körper.

[Für Deine Notizen]

Du als Übersetzer dieser Symbole spürst Empfindungen unter Deiner Haut, während Du den Atem anhältst. Du handelst mit Sauerstoff, dem (Feuer), das vom kleinsten Plankton in den Ozeanen bis zu den größten Bäumen, Wäldern und dem gesamten Pflanzenleben reicht.

Eure Zellen werden mit Nährstoffen und Energie gefüttert, wenn eure Zellen mit diesem Handel fertig sind, dann ist es an der Zeit, euren Abfall (Co2) auszutauschen, der so natürlich „wartend" auf „Uns" und „Euch" abgegeben wird.

[Für Deine Notizen]

Seid Euch jedes Atemzuges bewusst,

Atmet ein,

haltet inne,

atmet aus,

haltet inne,

tauscht.

Permanent im Handel, nährend und in Dankbarkeit.

In der Pause findet die Magie des "Wir" statt.

„Das "Nichts" existiert nur
in Form der Dualen Prinzipien."

Du bist der Übersetzer dieser Symbole, die aus Pflanzensaft sind, der die Nadel hinunterfließt und den Kontrast erzeugt, der es möglich macht, die Symbole zu sehen, die Du als "Buchstaben" oder Zeichen definierst. Oder bin "ich" derjenige, der die Nadel hält und den Schwarz-Weiß-Kontrast erzeugt, der in gewisser Weise nicht nur Deine optische Wahrnehmung, sondern auch Dein gesamtes biologisches System beeinflusst.

Bedenke, dass diese Form der Kommunikation nicht möglich wäre ohne die Haut des Baumes und das Wasser in Deinem Lymphatischen Ozean, das es den elektromagnetischem Feld ermöglicht, die Informationen zu übermitteln, die Du in Emotionen übersetzt hast, die möglicherweise nicht nur Dein eigenes Leben beeinflusst hat, sondern mindestens sieben kommende Generationen beeinflussen werden.

„Du hälst die Seele des Waldes in der Hand.
Nur zusammen werden wir Planzensaft zu Symbolen formen,
Emotionen gestalten die wahrnehmbar wird, wenn Du die
Haut des Baumes berührst."

Hier wird sich "ICH" die Form von "Wir", "Du", "Ich" und "Der Baum" ändern und die Symbole in einem anderen Kontext verwendet. In der Form von "ICH", wobei "ich" als der Mensch gesehen werden kann, der die Nadel hält, die den Kontrast der Symbole bildet, die Ihr dann übersetzt.

"ICH" ist eine Erfahrung von Dir. Da "ich" das Symbol "I C H" benutze, bist es nur Du, der Übersetzer, der "Ich" eine emotionale Definition geben kann.

-Atme-

[Für Deine Notizen]

Wenn "ICH" als der Schöpfer der "Tinte" = Pflanzensaft, der es uns ermöglicht zu kommunizieren, wenn das "ich" die Nadel über die Haut des großen Baumes schiebt, wirst Du sehen, dass nur ein "Wir" möglich ist.

Das Dasein besteht nicht nur aus "Ich" und "Du", oder das und jenes. Wir sind immer miteinander verbunden, und "WIR" tauschen uns ständig aus und beeinflussen uns gegenseitig.

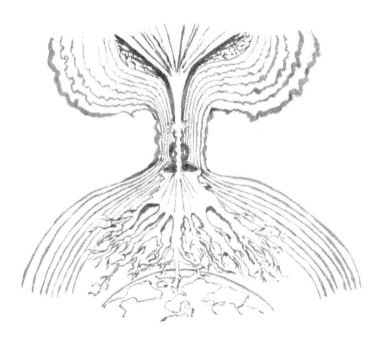

Das "Nichts" kann nicht existieren.

Das "Nichts" existiert nur in Form der Dualen Prinzipien.

Um das Nichts zu beobachten, braucht man einen physischen Körper... das macht es unmöglich, das "Nichts" zu beobachten, denn das "Nichts" verschwindet, wenn man Bewusstsein hat, das Nichts bedeutet No-Thing/Kein Ding ... das kann man als Mensch nicht erfahren.

[Für Deine Notizen]

Durch Deine eigene Körperlichkeit und die Materialien, aus denen Du bestehst, mit all Deinen verschiedenen Ökosystemen und elektromagnetischen Feldern, Informations- und Datenverarbeitungszentren, Kameras, Mikrofonen, Lautsprechern, Identifizierungs- und Analysezentren, Verteilungszentren, hydraulischen Druckreglern, elektrischen Kabelnetzen und Steinen ist es nicht möglich, die Tatsache zu ignorieren, dass Du einen Teil eines sehr physischen Wesens bist, das in vielerlei Hinsicht mit den Ökosystemen verbunden ist, die Dir die Form eines Menschen verleiht, sogar der Raum zwischen Dir und dem Baum ist voller Passagiere, die in einem Plasma schweben, das die gesamte Schöpfung verbindet.

Wer ist dann der Beobachter, wer ist der Übersetzer? Wie ist es möglich, dass "ICH" glaubt, das einzige "Ich" zu sein, das in großer Entfernung vor dem Morgenspiegel in Deinem Badezimmer steht?

"Ich" ist in aller existierenden Materie.

Jedes Teilchen der Materie kann sich nur deshalb bilden, weil "Ich" nur durch "ICH" als die manifestierte Form gesehen werden kann, die "Du" definiert hast, als Du Deine Augen vor dem Morgenspiegel geöffnet hast.

Wusstest Du, dass dies der Ort ist, an dem "WIR" uns alle treffen?

Wenn Du Deine Augen vor dem Morgenspiegel öffnest, reflektiert das Licht Dein Bild. Das Licht hat Passagiere. Diese Passagiere werden entweder "reflektiert oder absorbiert". Es ist die Luft in Deinem Atem, die "ICH" als physische Form erschafft und das Wasser in Deinen Augen hinter der Linse macht es Dir erst möglich, Emotionen und Definition zu fühlen, während "Ich" vor dem Spiegel steht, wobei Du nie vergisst, dass Millionen und Abermillionen von winzigen Zellen unter Deiner Haut in Deinem Lymphatischen Ozean schwimmen und Dir helfen, ein Gefühl von "ICH" als "Kollektiv" zu erschaffen, das die Gleichgewichte des Lebens einschließt und sich dessen bewusst ist.

[Für Deine Notizen]

Berühre Deine Haut mit geschlossenen Augen, atme ein und mache Dir die Komplexität der Harmonie der biologischen Prozesse bewusst, die es möglich machen, das "ICH" zu erfahren.

Berührung setzt Oxytocin, Dopamin, Theobromin, Serotonin und viele emotionale Impulse frei, die auch Hormone freisetzen, die es dem "ICH" ermöglichen, die Emotion des "Ich" zu erleben. "Ich" ist nur eine Empfindung.

"Du" als Übersetzer all dieser Symbole erlebst die Symbole als einen komplexen digitalen Code, der für diese Konversation verwendet wird. Vergesse bitte nicht, dass Dein Lymphatischer Ozean die Fähigkeit hat, elektromagnetische Felder zu erzeugen. Die Ph-Werte des Lymphatischen Ozeans bestimmen, wie viel Elektrizität Dein Körper, Dein Herz und Deine Organe erzeugen.

-Atme-

[Für Deine Notizen]

Du bist in der Lage, das zu erfahren, was Du für das Leben hältst. Im Grunde genommen übersetzen "Ich" oder "Du" nur digitale Informationen. Du in einem elektromagmetischen Feld seid mit Euren Körpern nur eine Ansammlung hochkomplexer sozialer Systeme, die durch ein elektrisches Netzwerk miteinander verbunden sind, das den modernen technischen Netzwerken sehr ähnlich ist.

Deine Augen sind Scanner oder Du kannst sie als Digitalkameras bezeichnen, die Ohren sind die Mikrofone, Nase und Zunge sind Rezeptoren, die Haut hat über 72.000 Empfänger, alle Sinnesorgane sind permanent mit dem verbunden, was Du als Außenwelt definierst, obwohl es keine Außenwelt im eigentlichen physischen Sinne gibt.

Das, was ihr als eure Haut definiert, ist nichts weiter als ein Filter, der auf feinste elektromagnetische Unterschiede reagiert und eurem Körper Informationen sendet, die von der Außenwelt erzeugt werden.

Das, was Du als Dein Bewusstsein bezeichnst, sind nur elektrische Impulse, die in eine Form der physischen Kommunikation umgewandelt werden, die es Dir ermöglicht, auf die so genannte Außenwelt zu reagieren.

Das Experiment, dieses Stück Papier zu berühren, dieses Papier zu riechen, verbindet "Dich" nicht nur mit "der Seele des Baumes", sondern auch mit meiner Seele und der Seele der Tinte (Pflanzensaft) oder einiger Mineralien, aus denen manche Tinten hergestellt werden.

Aber auch mit allen Menschen, die am Herstellungsprozess des Papiers beteiligt sind, des Stiftes, der Tinte, und all derer, die an der Produktion der Fabriken beteiligt sind, und der Maschinen, die das Papier, den Stift, die Tinte, die Druckmaschinen, die Papierschneidemaschinen und all die kleinen Teile der Maschinen herstellen und eure Reise kann noch viel weiter gehen.

[Für Deine Notizen]

Maschinen werden aus Steinen hergestellt, die Menschen von der Oberfläche der Erde genommen haben, auch unter Verwendung von Maschinen, die aus den "Händen von Menschen" hergestellt werden.

Die Wahrnehmung eines Menschen kann geschult werden.

Du, der Übersetzer dieser Symbole, glaubst, Du hättest ein Konzept von dem, was Du "Leben" oder "Existenz" nennst.

Wie viele biologische Prozesse laufen in diesem Moment in Deinem Körper ab? Rote Blutkörperchen wandern aus Deinen Lungen und transportieren Sauerstoff (Feuer), der im Eisen dieser Zellen enthalten ist, man könnte auch sagen, rostige Partikel, die wie kleine Lastwagen arbeiten und ihre Ladung ausliefern.

[Für Deine Notizen]

Nachdem sie ihre kleinen Pakete abgeliefert haben, sammeln sie Abfallstoffe ein und bringen diese zurück in die Lunge, um sie durch Nase und Mund auszuscheiden.

Aber es passiert noch viel mehr: Die roten Blutkörperchen haben einen Kern aus Kobalt und Eisen, der kleine Mengen Elektrizität (kosmische Energie) oder so genannte Solarenergie speichert, man könnte die roten Blutkörperchen auch als solargeladene Energiezellen oder kleine Batterien bezeichnen. Das Eisen kommt mit dem Sauerstoff in Berührung und lädt die Batterie auf.

Aber es geht noch weiter, Vitamin B12 befindet sich im Kern jeder Zelle, die eine DNA-Spule in ihrem Kern hat, in der Mitte dieses Kerns befindet sich ein Kobaltmolekül, das das Potential eines Atomkraftwerks hat, wenn der Ph-Wert Deines Lymphatischen Ozeans zwischen 7,8 und 9,4 liegt.

[Für Deine Notizen]

-Atme-

Es stellt sich die Frage:

"Wie kann "Ich" diese Ebene erreichen"?

Nur Du kannst diese Frage beantworten: Wie schaffst Du das Gleichgewicht Deines Bewusstseins? Indem Du die Lebensmittel auswählst die Du isst und wie bewusst Du atmst.

Grüne Blätter mit Chlorophyll, frisches, sauberes Wasser und frisches, nicht zu lange gekochtes Obst, Getreide und Gemüse, zusammen mit Übungen, die den Lymphatischen Ozean in Bewegung halten.

Es gibt ein Gesetz in der Natur, der Weisheit des Berges - Wasser, das still steht, wird verwendet um neues Leben zu unterstützen. Wasser, das über 7 Steine über 7 Wasserfälle gelaufen ist, ist kristallklar und rein.

Die Klarheit des lymphatischen Ozeans wird nach Übungen, wie Yoga, Schwimmen, Tai-Chi, Qi-Gong, Stretching, Tanzen, Bewegung und Freude, bewiesenermaßen, den Ozean klären.

Deine magnetische Ausstrahlung wird steigen.

Eine gute Gesundheit und mentale Verfassung ist das Ergebnis.

Deine Batterie ist wieder aufgeladen. Frieden und Harmonie werden Deine Umgebung erfüllen, flexibel und stark bleiben.

DAS GESETZ DES SAMEN

„Das universelle Gesetz der Existenz
- Eins plus eins ist immer drei -
Das Gesetz des Samen"

Stillstehendes Wasser wird genutzt.

Das universelle Gesetz der Existenz, wie es von den alten Meistern des Himalaya beobachtet wurde, wird in der folgenden Formel beschrieben: "Eins plus eins ist immer drei", die auch als die Genesis-Sequenz gilt. Die alten Kulturen nennen dies, „Das Gesetz des Samens".

Nichts im Universum existiert ohne Zweck. Die meisten Menschen kennen ihren Zweck nicht. Mutter Erde ist ständig am Schaffen. Alles auf ihrer Haut und in ihrem Blut hat einen Zweck, der allen Formen dient. Das, was ihr als "Tod" definiert, existiert nicht. Die physische Form eures Körpers ist nur für eine kurze Zeit geliehen, das, was ihr als euren Körper identifiziert, ist eine Anhäufung von Material, das ihr von der Oberfläche der "Blauen Kugel, die sich dreht" geliehen habt. So entsteht das komplexeste Ökosystem, das ihr euch vorstellen könnt.

[Für Deine Notizen]

Dein "Lymphatischer Ozean" ist voll von Organismen, die alle versuchen, in Harmonie zusammenzuarbeiten, um Dich am Leben zu erhalten.

Wenn dieses Gleichgewicht gestört wird, verändern sich Deine Denkprozesse und Dein Verhalten.

Im gesamten Universum gibt es nichts, was "Dualität" genannt wird, es ist nicht möglich, dass irgendetwas außerhalb der Prozesse der Existenz (Ursache und Wirkung), existiert!

Alles ist ein Kreislauf .

"Du" als Übersetzer dieser Symbole magst in Begriffen von gut und schlecht denken. Diese Art des Bewusstseins und der Denkprozesse haben eine Beziehung zu etwas geschaffen, das Du als "Leben und Tod" definierst.

Ihr glaubt, dass euer physischer Körper "Euch" am Leben hält, aber das ist nicht wahr. Ihr existiert als eine Entität, eine Energieform, die die physische Materie der Erde benutzt.

[Für Deine Notizen]

Wenn ihr das, was ihr als Emotionen identifiziert, weiter erfahren wollt, werdet ihr euren sogenannten Körper benutzen, um etwas auszudrücken, das ihr als "Leben" bezeichnet.

Das, was ihr als "Leben" definiert, ist im Bewusstsein der Dualität gefangen, ihr glaubt an den Tod nur, weil eure physische Form zur Erde zurückkehren wird, in einem Prozess, den ihr

-Atme-

Tod nennt.

„Das Bewusstsein ist eine Energieform"

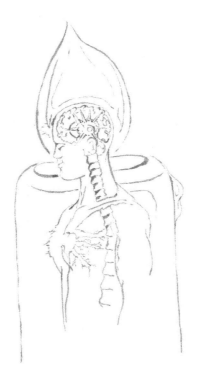

Das Bewusstsein ist eine Energieform, unsterblich, ohne Dualität, ständig Informationen sammelnd, ständig lernend.

Die Angst vor dem Tod ist nur die Angst vor der Rückkehr Deines physischen Körpers an den Ort, an dem Du ihn entliehen hast.

Die Mikroorganismen wie die Zellen, aus denen eure Muskulatur, euer Kreislaufsystem und eure Organe bestehen, sowie die Millionen und Abermillionen von Bakterien, die das gesamte Ökosystem intakt halten, haben alle ihr eigenes Bewusstsein. Sie alle haben ihre eigene Bewusstseinsebene und sind sehr froh darüber, dass ihr mit ihnen zusammenarbeitet, um Nahrung und Wasser zu sammeln.

[Für Deine Notizen]

Wenn Du Hunger erlebst, reagierst Du auf die Bedürfnisse all dieser kleinen Organismen. Wenn Du die Existenz der vielen verschiedenen Gruppen kollektiver sozialer Strukturen schätzt, dann wird Dir die Bedeutung des "Fairen Handels" bewusst.

Wähle die Inhalte der Nahrung bewusst, denn ihre Auswirkungen auf die Verhaltensmuster und Kommunikation zwischen den Zellen, verursachen die verscheidenen Biotope. Das was Du Krankheiten nennst, ist nichts anderes als ein Biotop, das Du durch die Ernährung erschaffen hast. Du persönlich, wählst in welchem Biotop Du denken und leben möchtest.

"Die Haut ist ein hochgradig interaktives Organ."

Die Haut.

Sie hat eine variable Oberflächenspannung. Jeder Gedanke,
jede Emotion verändert die Oberflächenspannung. Jede
Bewegung im elektromagnetischen Plasma verändert die
Oberflächenspannung, sendet Informationen an Ihr
Bewusstsein und erzeugt ein Energiefeld, das durch intensive
Trainingspraktiken, die immer noch in allen indigenen
Kulturen praktiziert werden, "hart wie Stein" werden kann.

Es gibt Stämme in Afrika, die ihren Körper durch Tanz, harte
Arbeit und mentale Verfassung so trainiert haben, dass sie in
der Lage sind, hochkalibrige Kugeln und direkte Schwerthiebe
abzuwehren, ohne ihre Haut zu verletzen. Diese Stämme
waren die am meisten gefürchteten Stämme. Sie schützten
viele Stämme des westafrikanischen Reiches, als die
europäischen Kolonisten kamen.

[Für Deine Notizen]

FRIEDVOLLE LÖSUNGEN - THOMAS ARCULEO

An dieser Stelle möchte "ich" über "Einbildung", "Illusion" und "Realität" sprechen.

Trinke ein Glas Wasser.

Die Oberflächenspannung ändert sich, die Denkmuster ändern sich, die Reaktion auf die äußere Welt erfolgt, 72.000 Nadis sind aktiv und liefern Informationen, das Wasser wird im gesamten Lymphatischen Ozean verteilt.

Während Du die vorangegangenen Worte gelesen hast, mag eine Frage oder viele Fragen auftauchen, wie z.b. "wie kann das wahr sein, oder warum verbringe ich meine kostbare Zeit mit diesem Text?

Solche Fragen tauchen auf, weil die erwähnten Fakten weit jenseits eurer physischen Lebenserfahrungen liegen.

Dies ist etwas, das weit über das hinausgeht, was Du gelesen (übersetzt) hast. Diese Symbole waren nicht einmal in eurer Erfahrung und nicht in eurer Vorstellung vorhanden, aber vielleicht habt ihr durch das Betrachten von Filmen Bilder gesammelt, die euch erlauben, Assoziationen zu schaffen. Sie lassen euch mit eurem Verstand und eurem physischen Körper allein, was bedeutet, dass eure Vorstellungskraft und eure Begrenzungen, euch mit eurer Illusion allein lassen.

[Für Deine Notizen]

Die Illusion ist eher ein Traum oder ein "Morph", der in eure eigene physische Erfahrung gebracht werden kann, oder etwas, das in der Lage ist, in eure Realität einzutreten, wenn ihr dies als wahr akzeptiert oder als ein Ziel, das durch angemessenes mentales und physisches Training von jedem Menschen erreicht werden kann. Was sonst in alten indigenen Kulturen zum Alltag gehörte kannst Du für Dich erfahren, ohne es in Klöstern in China oder Indien zu praktizierten.

Das, was physisch ist, ist real. Nimm einen Stein in die Hand, halte ihn geschlossen, schließe die Augen, spüre die Wärme und dann den Puls.

[Für Deine Notizen]

Das, was durch digitale, multimediale Präsentationen wie Filme, Nachrichtensendungen, geschriebene Texte oder Gespräche mit Freunden erdacht und erfahren wird, bleibt in den weiten Höhlen Deines Verstandes als Vorstellung und Illusion und lässt Deinem Verstand zwei Möglichkeiten:

Wahrheit oder Nicht-Wahrheit.

Dies in Wahrheit zu verwandeln, ist nicht und ich wiederhole, nicht die Wahrheit, wenn Du nicht das notwendige Training sowohl mental als auch physisch durchführst. Diese Informationen können in eurem persönlichen Leben als ein Ziel verwendet werden, das ihr erreichen wollt und dann in den Bereich eurer eigenen persönlichen Erfahrung gebracht werden.

Andernfalls verbleiben diese Informationen in eurem Geist als Katalysator für eure Vorstellungskraft und euer Ego, das in eurem Geist als ein sehr gefährlicher Virus verbleibt, der die Fähigkeit hat, nicht nur euer physisches und persönliches Umfeld zu stören, sondern ihr werdet diese Fakten und Informationen mit euren Freunden und eurer Familie teilen wollen.

[Für Deine Notizen]

Wahrheit kann verbreitet werden, Information kann verbreitet werden, Illusion und Fantasie ist die Nahrung für eure Vorstellungskraft. Informationen können nützlich sein und in unsere physische Erfahrung gebracht werden.

Aber warum liegen die meisten Informationen, die ihr gesammelt habt, als digitaler Müll in eurem Kopf herum und nähren immer euer Ego oder euren untätigen Verstand.

Informationen können in euren physischen Erfahrungen genutzt werden. Du empfängst als elektrischer Körper permanent Informationen, Du und nur Du kannst das herausfiltern, was für Dein eigenes persönliches Wachstum und Deine Entwicklung relevant ist.

[Für Deine Notizen]

Du, und nur Du, entscheidest, welche Informationen Du in Deine physische Lebenserfahrung integrierst. Alle anderen Informationen bleiben Unterhaltung oder nutzlose Ablenkungen, die nicht nur Deine eigene physische Gesundheit und Dein Wohlbefinden stören, sondern auch das all jener, die Du durch Dein Bedürfnis zu kommunizieren oder diese Informationen zu verbreiten, infiziert hast.

Informationen hingegen können und werden Auswirkungen auf und in unserer physischen Erfahrung haben.

Je mehr wir uns auf sie konzentrieren, desto mehr Aufmerksamkeit schenken wir ihnen, verändern das Bewusstsein und verschieben die Auswirkungen in unserer physischen und emotionalen Realität.

[Für Deine Notizen]

Je mehr wir uns auf Informationen konzentrieren, desto realer werden sie, oder sie scheinen einfach real zu sein (Von psychisch und emotional zu physischer Realität). Gedanken können zu echten Manifestationen innerhalb unserer physischen Erfahrung werden, wenn Informationen durch die fünf Sinnesorgane gesammelt werden.

Sie beeinflussen Dein gesamtes physisches Wesen. Angefangen bei der Oberflächenspannung Deiner Haut, die durch Deine emotionale Bindung an eine bestimmte Information reguliert wird.

[Für Deine Notizen]

-Atme-

Als Du im Mutterleib schwammst oder sagen wir einfach schwebtest, begannst Du, Deine emotionale Bindung an die Außenwelt zu programmieren und Dich auf eine Existenz als das vorzubereiten, was "Du" und Deine Aussenwelt als Mensch definierst.

Diese Definition ist so manipuliert, dass Dein Unterbewusstsein und Dein Emotionalkörper glauben, dass die Realität, die Deine Mutter und sogar ihre Mutter erlebt und als absolute Wahrheit übersetzt haben, wie in ihren Emotionen, sich zu ihren eigenen "Eine-Welt"-Prinzipien der Realität entwickelt hast, an die sie als kollektives Bewusstsein glauben.

Diese vorprogrammierte Realität ist für eure physische Existenz eurer ersten sechs Lebensjahre sehr wichtig, nachdem ihr den Mutterleib verlassen habt und euer Gedächtnis erweitert habt.

„Das Gedächtnis wächst unbegrenzt - Leben für Leben"

Das Gedächtnis wächst unbegrenzt Leben für Leben, wenn ihr den "Tod" nur als einen vorübergehenden Moment akzeptiert, den Moment, in dem ihr friedlich und gnädig das zurückgebt, was ihr von der Erde geliehen habt, nämlich euren physischen Körper.

Du magst Dich in diesem Moment fragen, während Dein illusionärer Verstand versucht, sich vorzustellen, was es bedeuten könnte, jetzt mit etwas konfrontiert zu sein, das unvermeidlich ist: "die absolute Tatsache der Zerbrechlichkeit Deiner Existenz".

Der Tod ist absolut, der Tod ist das Ende des Atems.

Atme einwärts und fülle Deine Lungen bis zur vollen Kapazität, lass den Druck los, halte den Atem an

---ein----zwei------drei------vier------fünf------ bis 23

und atme dann sehr langsam aus, wobei Du bewusst den Abfall oder die Nahrung für andere in einem fairen Handel freigibst und Dankbarkeit zeigst, während Du Deinen letzten Handel gnädig abschließt.

Diese einfache Erfahrung ist eine der kraftvollsten Übungen, die von allen großen Weisen, Heiligen, Yogis, buddhistischen Mönchen und erleuchteten Meistern verwendet wird.

Jeder Atemzyklus ist eine Übung oder, wie man sagen könnte, eine Vorbereitung auf den aufregendsten und unvermeidlichsten Moment, mit dem die gesamte Existenz konfrontiert ist. In Indien und allen asiatischen Kulturen gibt es einen Namen für diesen Prozess: „Samadhi".

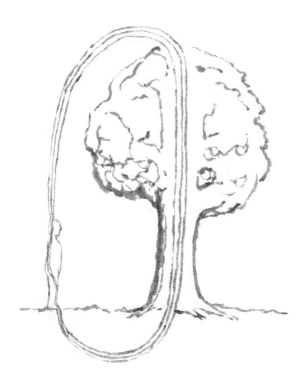

Um diesen "Seinszustand" zu erreichen, übt man sich in der Kunst des Atems, wobei jeder Atemzug von Glückseligkeit erfüllt ist, einer Form absoluter Dankbarkeit.

Du atmest nach innen und lässt jede Zelle Deines Körpers den Überschwang und die Ausstrahlung der Dankbarkeit spüren, dann hältst Du inne, während Dein ganzer Körper diese Ausstrahlung aufnimmt.

Wenn Du dann spürst, dass Du den strahlenden Energiefluss nicht mehr halten kannst, atme langsam nach außen und fülle Deine gesamte Umgebung mit dieser überwältigenden Dankbarkeit, ohne zu sprechen oder zu denken.

Strahle einfach Freude, Glückseligkeit und Dankbarkeit aus und beachte dabei die andere Hälfte Deiner Lunge, die Bäume, die Pflanzen, die Tiere und alle unsere Mitmenschen. Mit genügend Übung wirst Du eine Form der Synchronizität mit dem gesamten Universum entwickeln, wenn sich Dein Bewusstsein erweitert.

[Für Deine Notizen]

Einatmen, ausatmen.

Dieser Prozess der "Einzigen Existenz" ist derjenige, der das Wohlergehen aller Wesen, sogar aller materiellen Dinge, einschließlich der Pflanzen, der Sterne, der Sonne, sogar des gesamten Universums mit vielen Universen, vereint.

Der Puls des "universellen Atems".

In Samadhi verlässt der Yogi, der Mönch, der Weise, seine physische Form und hört nicht auf zu existieren.

Auch hier benutze "ich" "Deine" Vorstellungskraft, Fantasie und Deine Macht, etwas zu erschaffen, was für Dich eine Illusion ist, aber für mich ist das, was "ICH" beschrieben habe, die physische Realität, die in meinen physischen Lebenserfahrungen wahr ist.

[Für Deine Notizen]

Ihr mögt Euch die Frage stellen: "Wer bist Du", derjenige, der die mit Tinte gefüllte Nadel stößt?" Oder vielleicht hört Ihr einfach auf zu lesen und geht außerhalb des Raumes, den ihr momentan besetzt, um das Lächeln auf den Gesichtern der Kinder zu erleben, während ihr die Straße hinuntergeht, um mit euren Freunden in eurer Lieblingspizzeria zu essen.

[Für Deine Notizen]

-Atme-

Ihr könnt euch auch dafür entscheiden, euren Fernseher, das Internet und andere blinkende Kristalle einzuschalten (blinkende Kristalle sind diejenigen, die dazu benutzt wurden, euch zu hypnotisieren oder die Bedürfnisse des "Sammelns von Informationen" zu erfüllen, die sich gegenwärtig in der physischen Realität des gesamten menschlichen Kollektivbewusstseins befinden).

Vergiss nie, dass Du auch das vibrierende Energiefeld bist, der sogenannte "Energiekörper", der von Deinem Kern ausgeht.

[Für Deine Notizen]

Atme ein

Eins---zwei----drei----vier----fünf-----sechs-----sieben---24.

Halte inne, integriere, handel, immer im Bewusstsein dieser physischen Verbindung.

Der Inhalt der Informationen, die Du sammelst, beeinflusst Deine Fähigkeit zu kommunizieren und wie die Informationen interpretiert werden. Dein Geist kann alles in der virtuellen Realität entwerfen, er braucht nur die Bilder, die Deine Augen gesammelt haben und das emotionale Gedächtnis.

Atme langsam aus; handel, fühle Dich leichter und leichter, Du fühlst Dich viel jünger; halte inne, um Dankbarkeit zu zeigen, das Leben ist nur eine Frage des Gleichgewichts und der Emotion.

Auszug/OriginalSkript:

Happened. Something Every single things of
Material Existence goes Through. a very very
small piece of "male fire you call Light) Has
given you the signal To "Create". ~~of Atoms~~
~~Have connected~~ you The Human Have
Begun your Existance in an Ocean, The
womb of your Mother. Within The first 3 months
you Have Expeienced Every aspect of Evolution.

| Egg | 3 days | 1 week | 3 weeks | 9 weeks | 15 weeks | qwow |
| Sperm | | | | | | |

Collecting Particles To Create + Build A House
For our souls. The Tree, The Roses, The worms, The
Fish, chickens, The grass That you Eat (Bred), Cow, Even
your own Car Began with The same Process as of
Now. Em. The Body of This Blue Ball spining.

„Ich", das Papier, Träger der Seele des Baumes, der Pflanzensaft und die Symbole haben uns gefreut mit Dir diese Zeit zu gestalten.

Danke für Deine Aufmerksamkeit und ich freue mich Dich auf Deinem weiteren Weg zu begleiten.

Thomas Arculeo / Séh-Shéh-yen-Goh / „White Eagle"

Geboren 1957 in Heidelberg (D) als Sohn des hoch angesehenen Paares Hupp der nordamerikanischen Haudenosaunee (Iroquois), wuchs er 17 Jahre lang inmitten seines Volkes auf. Zeitgleich zu dem intensiven Training in der Lebensschule seiner indigenen Abstammung, lernte er sieben Jahre lang mit seinem 74 Jahre alten Lehrer in Shaolin und Medical Qi-Gong. Im Lauf der Zeit weitere Lehrer aus Indien, Peru und Nigeria. Später kamen neben Job und Familie Hochschulstudien der Medizin und Psychologie, Einsätze als Streetworker in NY City und weltweit.

Die Irokesen sind seit je her politisch äußerst engagiert. Bevor ein Irokese in die Politik gehen kann, muss er sich selbst geheilt haben und mannigfache Lehren und Studien bewältigt haben. So ist bei den Irokesen das Amt des Chief, von Diplomaten und Beratern ausschließlich besetzt von spirituell und heilerisch gebildeten Menschen. Seit weit über 200 Jahren in Europa physisch anwesend, sind Irokesen als Diplomaten zwischen den Kulturen an Königshäusern und im Verdeckten mit Regierungsmitgliedern tätig gewesen.

Vor ca. dreißig Jahren (Oktober 1986) gab es in Hunter Mountain/New York State ein Konzil der Ältesten von über 60 Indigenen Nationen samt deren Spiritual Leaders und Grandmothers, in welchem die Frage in den Raum gestellt wurde, wer nach Europa gehen wolle. Vorerst meldete sich niemand, da Europa in diesem Rahmen ein äußerst heikles Terrain war. Nach Gesprächen mit den Grandmothers entschloss sich schließlich Thomas, diese verantwortungsvolle Aufgabe zu übernehmen. Seit damals ist es Thomas' ambitioniertes Ziel, das indigene Bewusstsein in Europa zu erwecken und den Boden für dieses Erwachen vorzubereiten.

Wir „Elders" vermitteln ein gelebtes Bewusstsein in Verbundenheit mit allen Naturkräften, die immer überall bereit sind uns zu dienen... jedoch nur, wenn ihr bereit seid, dieses Erwachen verantwortlich anzunehmen...

Jedes Geschöpf hat seine Position im Ganzen, nur um dem Ganzen zu dienen... Automatisch passiert dieses Wunder, wo plötzlich das Gefühl absoluter Geborgenheit im tiefsten Inneren euer Wesen übernimmt... Eins zu sein mit der Natur in ihrer Ganzheit... dies passiert nur dann wenn Du bereit bist, viele Konditionierungen aufzugeben und den Schritt zu gehen, den Mutter Erde für Dich bereitgestellt hat... ob „Visionssuche" oder Innere Reise, es geht um euren inneren Wesenskern, der neu erwacht... wie ein kleiner Samen, wenn er keimt.

Wir Ältesten aus der globalen Indigenen Community haben uns entschlossen, standhaft in Europa Plätze zu besetzen, wo die Natur voll intakt ist.. sodass wir euch begleiten und beraten können...

Hier zu sein ist wertvoll für eure Entwicklung als Europäische Indigene Bevölkerung... Schritt für Schritt wächst es in Dir.... wir Ältesten sind nur Begleiter.. wir stehen bei euch, neben euch... nicht als Führer oder Leader... sondern als Begleiter.... Indigen zu sein ist einer der tiefsten Innerlichen Prozesse eines Individuum, das als Teil eines Ganzen mitwirkt...

Wir sind nur Begleiter von einem sehr alten und unter schwersten Bedingungen behüteten Wissen...

Thomas Arculeo / Séh-Shéh-yen-Goh /" White Eagle"

Bücher - LIVING-CIRCLE.mittelstand.de:

www.mittelstand.de/shop

ISBN: 9783758321597

LIVING CIRCLE - Bewusstsein des Kreises

MODELLCAMPUS ZUR REVITALISIERUNG

des Europäischen Wirtschafts-, Kultur- und
Sozialwesen.

Der Modellcampus für einen prosperierenden Mittelstand.
Das bildungsorientierte Zentrum für eine kreative
Ressourcengemeinschaft.
Zukunft gestalten - Mit den Anforderungen von morgen
die Möglichkeiten von heute ausschöpfen und zeitgerecht
integrieren. Für die LebensWerte der Generationen die
Verantwortung schon heute übernehmen.

ISBN: 9783759759092

Friedvolle Lösungen

Die selbsterlebende Einleitung in das Vermächtnis der
Druiden und Elders der Welt. Die gesamte Reihe der Bücher
ist ein Lehrpfad des alten Weges der Meister, wie es früher
mündlich weitergegeben wurde.
Der Autor übersetzt die Erfahrungen und Erlebnisse schriftlich,
was seine Lehrmeister Ihm durch mündliche Überlieferungen
und Handlungsbeispiele erläutert haben.

Band - 1 - Intro

Band - 2 - Ich

Band - 3 - Wir

Band - 4 - Die 5 Elemente

Band - 5 - (0)

ISBN: 9783759713339

Der Froschkönig & die Kinder Fryas
- Band 1

Märchen sind Botschaften deiner Ahnen.
Die Grundlagen aller friedlichen Hochkulturen dieser Erde.
Die Geschichte Europas und ihrer Kreiskultur.
Das Vermächtnis der indigenen Kultur Europas,
anhand der Sprache, Codes und Bildern detailliert erläutert.

Der Froschkönig & die Lehren der
Kinder Fryas   Band 2

Das Wissen der indigenen europäischen Naturwissenschaft
und der Hintergrund ihrer Kreiskultur war die Grundlage
aller friedlichen Hochkulturen. Es ist Zeit, dieses Wissen und
die Lehren wieder tiefer in das Bewusstsein der Menschen zu
bringen.
Der Froschkönig ist das Symbol für diesen Prozess.
Märchen sind Botschaften deiner Ahnen.
Das Vermächtnis der indigenen Kultur Europas.

ISBN: 9783759721105

Ein Löwenzahnsamen geht auf Reisen
Kinderbuch

Eine Heldenreise, durch die Elemente des Lebens.
Sie zeigt den Mut, die Selbsterkenntnis,
die innere Macht und die reichhaltigen Wege die das Leben
bietet.
Die Geschichte gibt uns Kraft und macht uns klar,
wie wir von scheinbarer Verletzlichkeit,
zu einer ungewöhnlichen Größe wachsen können.
Sie ist der Impuls sich die Welt einmal wieder
näher zu betrachten und genauer hinzuschauen.
Es ist der Drache in uns, der erweckt wird und
die naturwissenschaftliche Weisheit unserer Vorfahren,
mit welchem wundervollen Wesen wir verbunden sind.

Ein Projekt von LIVING-CIRCLE.mittelstand.de
„Friedvolle Lösungen", Thomas Arculeo

Buchbestellungen:
www.mittelstand.de/buecher

Weitere Bücher:
www.mittelstand.de/shop
info@mittelstand.de

Kontakt:
info@mittelstand.de
thomas.arculeo@icloud.com

Akademie:
www.mittelstand.de/akademie

Weitere Projekte:
LIVING-CIRCLE.mittelstand.de

European Indigenious Developement Centre:
EIDC.mittelstand.de

LIVING-CIRCLE .mittelstand.de